¡AVES DE RAPIÑA SALVAJES!

LOS BÚHOS

Por Deborah Kops

BLACKBIRCH®
PRESS

THOMSON

GALE

San Diego • Detroit • New York • San Francisco • Cleveland • New Haven, Conn. • Waterville, Maine • London • Munich

Photo Credits: Cover: ©Lee Kuhn/Cornell Ornithology; pages 4-6, 7 (bottom), 8 (right), 9 (top), 11 (top & middle), 12, 14, 16-18, 20 (right), 21: ©Corel Corporation; page 7 (top): ©Rick Kline/Cornell Ornithology; page 8 (left): ©Mike Hopiak/Cornell Ornithology; page 9 (bottom right): ©L. Page Brown/Cornell Ornithology; pages 9 (bottom left), 19: ©PhotoDisc; page 10: ©J. Robert Woodward/Cornell Ornithology; page 13: ©Jeffery Rich/Cornell Ornithology; page 15: ©G. van Frankenhuyzen/Cornell Ornithology; page 20 (left): ©B.B. Hall/Cornell Ornithology; page 21 (inset): ©Bill Duyck/Cornell Ornithology; page 22: ©David Cleary/Cornell Ornithology; page 23: ©Jim Parks.

LIBRARY OF CONGRESS CATALOGING-IN-PUBLICATION DATA

Kops, Deborah.
[Owls.Spanish]
  Los Búhos / by Deboarah Kops.
     p. cm. — (¡Aves de Rapiña.Salvaje!)
Includes bibliographical references.
Summary: Examines the owl's environment, anatomy, social life, food, mating habits, and relationship with humans.
  ISBN 1-4103-0271-7 (hardback : alk, paper)
  1. Owl—Juvenile literature. [1. Owl. 2. Spanish language materials] I. Title. II. Series.

Contenido

Introducción

Si alguna vez escucha el sonido resonante y bajo del búho cornudo gritando a medianoche, no lo olvidará pronto. Como la mayoría de los búhos, esta gran ave de color gris y café es nocturna. Esto significa que está activo por la noche y duerme durante el día. Por esta razón, es más probable que escuche el inolvidable grito de esta ave antes de que la vea.

La mayoría de los búhos son nocturnos. Duermen durante el día y están activos por la noche.

La postura del búho, su cabeza ancha, y sus ojos mirando hacia el frente lo hace parecer casi humano. Durante siglos, la gente ha pensado que los búhos son animales sabios, debido en parte a su aspecto. Aunque no son necesariamente más inteligentes que otras aves, los búhos son uno de los más fascinantes miembros del reino animal.

El búho es un ave de rapiña, también llamada una rapaz. Este grupo también incluye las águilas, los halietos, los halcones, los buitres, y los falcones. Todos son cazadores de día. Por el contrario, los búhos cazan de noche.

Del tecolote enano que mide 5 pulgadas (13 centímetros) al águila caudal, las rapaces comparten varias características físicas que les ayudan a cazar. Todos tienen picos encorvados para rasgar la carne. También tienen dedos de pata largos y encorvados, llamados garras, para agarrar y matar a su rapiña. Muchas otras aves matan a su rapiña, pero no tienen estas características.

Los búhos, como todos las rapaces, tienen picos encorvados y garras largas y afiladas para agarrar y matar a su rapiña.

Miembros de la Familia

Hay aproximadamente 180 especies, o tipos, de búhos en todo el mundo. Dieciocho viven en Noreteamérica. La mayoría se quedan en la misma región durante todo el año.

Los Zumayas

Los zumayas se llaman "Screech Owls" en inglés. Aunque "screech" significa chillido, el grito de este búho es musical.

Los zumayas orientales son pequeños de color café-rojizo y viven al este de las Montañas Rocallosas en áreas arboladas, incluyendo en los suburbios. Los zumayas del oeste de color gris son muy comunes en el oeste.

El zumaya oriental vive en áreas arboladas.

Los Búhos Pigmeos

Aunque solamente miden aproximadamente 6.5 pulgadas (16 centímetros), los búhos pigmeos vuelan rápidamente y son excelentes cazadores. Los búhos pigmeos norteños que viven en el oeste parecen tener ojos en la parte trasera de la cabeza. Estos "ojos" son en realidad plumas que el búho tiene en la parte posterior de la cabeza. ¡Hacen que sea difícil para un enemigo saber hacia dónde el búho está mirando!

Los Mochuelos Comúnes

Todos los búhos tienen aberturas que les permiten oír. Los mochuelos comunes tienen copetes en las orejas muy visibles—plumas que se paran como orejas de un gato—pero estos copetes no tienen nada que ver con el oído. Es muy difícil a ver los copetes del búho de cuerno corto. Éstos son aves del tamaño de un cuervo que viven en praderas y pantanos de sal. Otros búhos también tienen copetes, incluyendo el búho cornudo, cuyos copetes son tan separados como cuernos. Un cazador poderoso, esta ave vive en casi todos los tipos de hábitats de Norteamérica.

Arriba: Los búhos pigmeos son pequeños pero feroces cazadores. Abajo: Los copetes de las orejas del búho cornudo son grandes y muy visibles.

7

Los Búhos Americanos

Este grupo incluye los búhos listados, los búhos manchados, y los búhos lapones. El grito bajo y suave del búho listado frecuentemente se escucha en los pantanos del sur. El búho manchado vive en la costa oeste y en los bosques del sudoeste de los Estados Unidos. El búho lapón es residente de Canadá y Alaska. Con su envergadura de 5 pies (1.5 metros), este búho es uno de los más grandes en Norteamérica.

Los Búhos del Bosque

Otro residente de Canadá, la lechuza boreal solamente mide 1 pie (30 centímetros). Forma parte del grupo de búhos que se llama los búhos americanos, junto con el tecolote afilador, que es aún más pequeño.

Los búhos lapones viven en Canadá y Alaska.

Las lechuzas boreales son búhos que se encuentran en bosques y viven principalmente en Canadá.

Otros Búhos Norteamericanos

Juntos con la lechuza boreal y el búho lapón, otros dos tipos de búhos viven en el norte. El bello búho nival es un ave larga con brillantes plumas blancas. La lechuza gavilán es un ave mediana que también vive en el norte.

El mochuelo duende de 5.5 pulgadas (14 centímetros) es el búho más pequeño de Norteamérica. En la primavera, su grito resuena a través de la arboleda de cactus de Arizona. El tecolote llanero es otra ave del oeste. Ellos asienten desde las aberturas de sus casas subterráneas, por lo que los vaqueros les llamaban "aves de howdy." "Howdy" era, en inglés, una forma de saludarse común para los vaqueros.

Arriba: Las lechuzas de campanarios viven en una gran variedad de hábitats y son excelentes cazadores de ratones. **Arriba izquierda:** Los búhos nivales tienen brillantes plumas blancas. **Arriba derecha:** Los tecolotes llaneros viven en casas subterráneas.

La lechuza de campanario de color blanco y la de color oro son residentes de casi todo los Estados Unidos durante todo el año. Ellos viven en granjas y ciudades. A veces estos cazadores de ratones se hospedan en graneros.

El Cuerpo del Búho

Una de las características más sensibles del búho es el disco facial—una máscara plana de plumas que rodea los ojos y el pico. El disco facial de la lechuza de campanario tiene forma de corazón, lo que la hace parecer a un mono. Con la mayoría de los demás búhos, el disco es redondo u ovalado. Sin reparar en la forma, el disco facial les sirve como embudo que trae ondas sonoras hacia las orejas del búho. Debido a esta característica, los búhos tienen el oído bien agudo. La mayoría de los búhos están cubiertos de plumas suaves. Incluso las patas están cubiertas de plumas. Estas plumas esponjosas le ayudan a callar el sonido de sus movimientos. Le permiten descender delicadamente de su percha y sorprender a su rapiña. Aunque las puntas de las plumas de sus alas son duras, también tienen flecos, en lugar de estar derechas. Este borde con flecos acalla el sonido de los aletazos, lo que le facilita a un búho hambriento a sorprender a su rapiña.

El disco facial del búho se compone de una mascara plana de plumas.

Como las demás rapaces, el plumaje de los búhos, o plumas, generalmente es una combinación de dos o más colores, incluyendo blanco, café, gris, y negro. Los búhos no tienen buena visión de color y no necesitan colores brillantes para atraer a su pareja. El plumaje le sirve como buen camuflaje (se armoniza con su ambiente). El camuflaje protege al búho porque así armonizado con su ambiente, no se puede percibir. Esto le permite dormir en paz durante el día.

Para ayudarles a agarrarse de una rama mientras duermen, los búhos tienen un dedo de pata reversible. Este dedo de pata puede moverse de adelante hacia atrás. Esto ayuda al búho a estabilizarse agarrando una rama de ambos lados.

Arriba: El disco facial del búho sirve como embudo que trae las ondas sonoras hacia las orejas. **Medio:** Una capa de plumas suaves sirve para acallar los movimientos del búho. **Abajo:** El color oscuro es el mejor camuflaje para la mayoría de los búhos.

Características Especiales

Para poder cazar de noche, un animal debe poder ver con poca luz. Los búhos tienen una excelente visión en la luz tenue, aunque no pueden ver en completa oscuridad. Para ayudarle a ver de noche, el búho tiene ojos grandes que permiten que entre mucha luz. En la parte trasera del ojo tienen varias varillas—células especiales que son sensibles a la luz. Cuanto más varillas tienen los ojos, mejor podrá ver el búho de noche.

Como los ojos del búho están orientados al frente, generalmente ve el mismo objeto con los dos ojos. Este tipo de visión se llama visión binocular. Permite al búho ver las imágenes claramente y medir la distancia de un objeto a otro. Esta capacidad es especialmente importante para un cazador.

A diferencia de otras aves, el búho no puede mover sus ojos en la cuenca de los ojos. Tiene que mover toda la cabeza para observar. Para ayudarle con este problema, tiene la capacidad de mover el cuello tan fácilmente que casi puede girar la cabeza completamente en un círculo.

Además de una buena visión, un cazador de noche necesita el oído bastante agudo. El búho puede saber la altura de donde viene el sonido, así como la dirección. Esta capacidad es en parte el resultado de la colocación extraña de las orejas—una oreja se encuentra más arriba que la otra.

Opuesto: Ojos grandes ayudan a los búhos a ver extremadamente bien. Derecha: El búho puede girar la cabeza casi totalmente para ver en todas direcciones.

Caza

Los búhos cazan tanto como los gatos, y son muy buenos cazadores. El búho cornudo se sentará en lo alto de una rama, observando paciente-mente a un conejo hasta el momento justo para el ataque. Luego se abate detrás del animal y lo agarra con sus garras. La mayoría de los búhos cazan de perchas. Un zumaya, por ejemplo, desciende de una rama para agarrar a un insecto encima de una hoja.

Una lechuza de campanario se percha con su recién capturada rapiña. Las lechuzas de campanario usan su extraordi-nario oído mientras cazan.

Aunque la mayoría de los búhos cazan de noche, los que viven en el norte necesitan cazar de día. Esto es porque durante el verano sale el sol por mucho tiempo. Un búho norteño, por ejemplo, caza en su mayoría durante el día, volando de una percha a la otra en busca de un ratón o una ardilla. A veces escucha a su rapiña moviéndose debajo de la nieve. Cuando localiza el movimiento, se abate para

Este búho cornudo pone sus patas al frente antes de agarrar a su rapiña.

agarrar su comida. El búho lapón es un experto de esta técnica y se sumerge hasta un pie debajo de la nieve para agarrar a su rapiña.

La lechuza de campanario caza durante la noche. El oído de esta ave es tan agudo que pueden matar a su rapiña en completa oscuridad. La lechuza de campanario prefiere volar poco encima de la tierra, observando y escuchando en busca de movimientos. El búho cara café y el búho cuerno corto se aprovechan de este método también. Observan un campo o pradera, abatiéndose de repente para agarrar a un mamífero pequeño.

Provisión de Alimentos

Los búhos pequeños comen muchos insectos y otros tipos de bichos. Por ejemplo, los tecolotes ojos oscuros—parientes de los zumayas—comen mariposas nocturnas, escarabajos, y grillos. Los búhos medianos comen roedores como ratones, ratas, y ardillas.

Los búhos grandes comen roedores, pero también comen aves y mamíferos pequeños. Los búhos cornudos tienen una dieta variada que puede incluir a los falcones, otros búhos, zarigüeyas, conejos, y hasta mofetas.

Una zumaya se aferra a un ratón capturado. **Derecha:** Un búho manchado ataca a una pequeña rapiña

Irrupciones

Los búhos nivales comen muchos lemmings, que son pequeños roedores con patas peludas. Cada 3 a 5 años, la población de estos roedores en Canadá se encoge repentinamente. Cuando ocurre esto, muchos de los búhos nivales dejan sus casas Canadienses y emigran a los Estados Unidos en busca de alimento. Esta época de emigración se llama una irrupción. Es emocionante para los observadores de aves de los Estados Unidos, que raramente pueden observar estas bellas aves. Las lechuzas boreales, lechuzas gavilanas norteñas, y los búhos lapones también tienen irrupciones.

El búho cornudo viviendo en el norte puede guardar su rapiña en la nieve durante el invierno. Después, descongela su "cena congelada" sentándose sobre ella—de la misma manera en la que las aves incuban sus huevos.

Mientras comen, los búhos frecuentemente tragan su comida entera. Después regurgita partes de su rapiña en forma de cápsulas. Una de estas cápsulas duras y redondas puede contener los huesos de un mamífero pequeño o el caparazón de un insecto.

Los búhos cornudos—como los demás búhos grandes—tienen una dieta variada que incluye aves, roedores, y otros mamíferos chicos.

Apareando y Anidando

Antes de aparearse, muchas aves demuestran rituales de cortejo espectaculares. Sirven para atraer una pareja antes de la época de anidar. Los sonidos son una parte importante de estos rituales de cortejo. Algunos machos, incluyendo las lechuzas de campanario, hacen aplausos con las alas. Mientras el búho está volando, junta sus alas debajo de su cuerpo, haciendo un sonido parecido al chasquido del látigo. Este movimiento les avisa a las hembras que el macho quiere aparearse. Pares de búhos listados perchan juntos y gritan juntos en dúo. El tecolote enano macho canta fuertemente desde adentro del agujero de un viejo pájaro carpintero, con la esperanza de interesar a una hembra a anidar con él.

Un par de tecolotes canelos perchan juntos.

Los búhos no son constructores de nidos. Como el tecolote enano, la mayoría cría a sus familias en hoyos abandonados de los pájaros carpinteros y árboles huecos. Los búhos cornudos, búhos lapones, y búhos caras cafés ponen sus huevos en nidos abandonados de otras aves. En el este, los búhos de franjas usan los nidos de los halcones

Muchas veces los búhos cornudos ponen sus huevos en los nidos abandonados de otras aves.

de pecho rojo. ¡A veces un halcón y un búho ocupan el mismo nido en años alternos! Cuando escogen el lugar de su nido, una hembra generalmente pone un huevo cada dos o tres días hasta que tiene una nidada (grupo) de cuatro a siete huevos. Inmediatamente después de poner un huevo, empieza a sentarse sobre él para mantenerlo cálido. Este proceso, llamado incubación, dura aproximadamente un mes.

Algunas especies de búhos ponen más huevos mientras la rapiña es abundante, y pocos huevos cuando la comida se escasea. Los búhos nivales dejan de anidar mientras no hay suficiente rapiña.

Criando a las Crías

Arriba e izquierda: Las jóvenes lechuzas de campanario están cubiertas de plumas suaves o plumón. **Opuesto:** Un búho nival de aproximadamente 8 semanas. Un pequeño búho cornudo de aproximadamente 3 semanas.

Cuando el búho sale del cascarón, es ciego y está cubierto de plumas blancas suaves llamadas plumón. La mamá le da de comer a sus polluelos (llamados crías) pedazos de comida. Para mantenerlos cálidos, ella empolla, o se sienta, sobre sus crías.

Mientras la mamá se queda con sus polluelos, el papá caza para darle de comer a su familia. Cuando han salido todas las crías del cascarón, el papá sin parar. Después de 2 semanas la hembra le ayuda. ¡Una familia de búhos de lechuzas de campanario necesita comer aproximadamente 20 ratones cada noche!

En algunas especies de búhos, las crías eventualmente dejan el nido y brincan en ramas cercanas, mientras sus padres los cuidan. Las crías de los búhos cornudos brincan en ramas aproximadamente 5 semanas después de salir del cascarón. A las 9 o 10 semanas tienen todas las plumas de vuelo y vuelan por la primera vez (un proceso que se llama pelechar). La mayoría de los búhos son alimentados por los padres al menos por varias semanas después de pelechar. Necesitan esta ayuda hasta que puedan cazar solos. Los jóvenes tecolotes ojos oscuros aprenden a volar en dos noches. Los hermanos que pelechan la primera noche se quedan juntos con un padre, y las crías que pelechan la segunda noche se quedan con el otro. Aproximadamente un mes después, las crías están solas.

Si un joven búho puede aprender a encontrar comida, evitar a los enemigos y sobrevivir el invierno, probablemente vivirá por 10 a 20 años. El tamaño del búho incrementa la probabilidad de su supervivencia.

Los Búhos y El Hombre

Mientras las comunidades humanas se extienden en tamaño y población, los hábitats, en que viven muchos animales salvajes continúan a encogerse. Entre los búhos cuyas poblaciones han disminuido son las lechuzas de campanario, los tecolotes enanos, y los búhos manchados. Los búhos manchados son parte de una delicada red de vida. Los bosques viejos en donde viven les dan sombra fresca. También allí hay ardillas voladoras para comer, grandes árboles viejos en que se puede anidar, y protección de su mayor enemigo, el búho cornudo.

Debido a que el hombre ha destruido mucho del hábitat del búho manchado, es una especie en peligro de extinción.

Julie Collier: Rescatador de Rapaces

Julie Collier rescata a las rapaces. Ella cuida aves de rapiña heridas en su casa en Massachussets. La mayoría de ellas regresarán a la naturaleza, pero no pueden sobrevivir solas. Es por eso que Julie vive con 11 búhos. Cuando no están en sus jaulas grandes con las otras 13 rapaces de Julie, los búhos generalmente

están en escuelas. Ella se lleva varios con ella cuando presenta un programa sobre aves de rapiña. "Como los niños no salen a la naturaleza mucho, yo se la traigo," dijo Julie. Disney, un tecolote afilador chico, es por lo general uno de los favoritos. ¡Ya ha conocido a 2 millones de estudiantes!

Los enormes árboles de estos bosques—varios que tienen más de 600 años de edad—también son valiosos para las compañías de madera. Es difícil proteger las necesidades de los búhos manchados y otra fauna en la naturaleza mientras el hombre considera su hábitat como un manantial de dinero y empleo.

Glosario

Emigrar Viajar, típicamente del hogar de invierno al territorio en donde anida.

Hábitat Un lugar donde vive un animal, como el desierto o el bosque.

Plumón Plumas.

Rapiña Un animal que otro animal caza para comida.

Roedores Mamíferos que muerden con los dientes del frente, como ratones, castores, y ardillas.

Tundra Una región del norte muy fría en donde no hay árboles y la tierra está congelada permanentemente debajo de la superficie de la tierra.

Para Más Información

Libros

De Sart, Jean. Jean-Marie Winants (Illustrator). *Birds of the Night* (Curious Creatures). Watertown, MA: Charlesbridge Publishing, 1994.

Epple, Wolfgang. Manfred Rogl (Photographer). *Barn Owls* (Nature Watch). Minneapolis, MN: Carolrhoda Books, 1992.

Esbensen, Barbara Juster. Mary Barret Brown (Illustrator). *Tiger With Wings: The Great Horned Owl.* New York, NY: Orchard Books, 1991.

Sitio de Web

The Owl Pages

Ve a los búhos del mundo y escucha los sonidos que emiten—www.owlpages.com

Índice